CQ는 창의력을 높이는 문화지능입니다.

실패를 딛고 성공한 세계 위인들

실패 극복기

조아라 글 | 수아 그림

엠앤키즈

차례

작가의 말 • 8

1장 차별의 장벽을 깨다

임금님한테까지 소문난 금손 노비 **장영실** • 12
양반의 서자로 정1품에 오른 **허준** • 18
피부색의 계급을 없앤 **넬슨 만델라** • 24

2장 학교 담장을 넘다

학교에서 쫓겨난 엉뚱한 발명가 **토머스 에디슨** • 32
학교에 적응하지 못했지만 교수가 된 **알베르트 아인슈타인** • 38
대학에서 뛰쳐나온 **스티브 잡스** • 44
우등생이 된 낙제생 **윈스턴 처칠** • 50

3장 끝날 때까지는 끝이 아니다

휠체어에 앉아 우주 너머까지 내다본 **스티븐 호킹** • 58
듣지 못하는 작곡가 **루트비히 판 베토벤** • 64
길가에 버려진 것에도 생명을 준 **권정생** • 70
허약한 체질을 바꾼 **시어도어 루스벨트** • 76

4장 가난도 막을 수 없었던 열정

가난한 싱글맘에서 베스트셀러 작가가 된 **조앤 K. 롤링** • 84
대학에 못 갔지만 침팬지 박사가 된 **제인 구달** • 90
어린이에게 웃음을 선물하는 **월트 디즈니** • 96

5장 사랑의 아픔으로 빚어낸 예술

아픔을 아름다운 동화로 이겨낸 **한스 크리스티안 안데르센** • 104
죽은 뒤에야 인정받은 화가 **빈센트 반 고흐** • 110
헤어질 때마다 명작 탄생, **요한 볼프강 폰 괴테** • 116

6장 자신의 한계를 시험하다

ADHD를 극복한 인간 물고기 **마이클 펠프스** • 124
모두가 말리던 길을 떠난 **프리드쇼프 난센** • 130
방구석 모험가에서 진짜 모험가가 된 **에드먼드 힐러리** • 136

작가의 말

되는 일이 하나도 없을 때가 있었어요. 무엇을 해도 실패의 연속이었죠. 그때 제가 즐겨 보던 텔레비전 프로그램이 있었어요. 각 분야에서 성공한 사람이 나와서 도사님에게 자신의 고민을 털어놓는 예능 프로였지요. 성공한 사람도 고민이 있을까 싶었지만, 성공한 사람들에게도 저마다 고민이 있었어요.

이 프로의 주된 내용은 그 사람이 어떻게 살아왔고 어떻게 그 분야의 최고가 되었느냐에 대해 이야기를 듣는 것이었어요. 저는 그 프로를 보면서 놀라운 사실을 깨달았어요. 성공한 사람 중에 실패를 해 보지 않은 사람이 단 한 명도 없다는 거죠. 게다가 사람들은 성공보다는 실패한 이야기에 훨씬 더 관심을 가졌답니다. 그때부터 저는 실패할 때마다 그 프로그램을 떠올리며 생각했어요.

'나중에 내가 성공하고 나서 사람들이 어떻게 성공했는지 묻는다면 지금 이 초라하고 부끄러운 실패를 꼭 이야기해야지.'

　실패가 실패로 끝나면 그건 정말 실패로 남겠지만 나중에 성공하고 나면 재미있는 이야깃거리로 써먹을 수 있잖아요.

　혹시 실패가 반복되어서 움츠려 있나요? 왜 나는 늘 되는 일이 없나 하고 우울한가요? 그렇다면 미래에 내가 하는 인터뷰를 상상해 보세요. 어떻게 이렇게 성공할 수 있었냐고 물어보면 내가 과거에 겪은 실패를 이야기하는 거예요. 그때가 되면 과거에 겪은 큰 실패가 내가 한 노력이나 성공에 비해 아주 보잘것없을지도 모르죠. 보잘것없는 실패도, 그것 때문에 쏟아부은 나의 노력도 모두 성공을 빛내 주는 장식이 될 거예요.

　여기 실패를 딛고 좌절을 넘어선 사람들의 이야기를 들어 보세요. 찬란한 성공을 위해서는 변변찮은 실패가 얼마나 쌓여야만 하는지 말이에요.

조아라

1장

차별의 장벽을 깨다

임금님한테까지 소문난 금손 노비 **장영실**

양반의 서자로 정1품에 오른 **허준**

피부색의 계급을 없앤 **넬슨 만델라**

임금님한테까지 소문난 금손 노비
장영실

장영실이 만난 벽: 태생의 한계에 부딪히다

"나으리! 드디어 다 만들었습니다. 이것 좀 보세요."

장영실은 이마에 땀방울을 가득 달고서 밝게 웃었어요. 가뭄으로 논이 마르자 장영실은 수로를 파고 먼 곳에서부터 물을 끌어왔지요.

"이 녀석, 매일 뚝딱뚝딱 뭔가를 만들더니만 제법이야."

장영실을 아끼던 관리의 입가에도 미소가 번졌어요. 하지만 옆에서 지켜보던 다른 사람들의 눈매는 샐쭉하게 올라갔어요.

"흥, 그래 봤자 노비 주제에. 영실이 너, 내가 시킨 밭일은 다 했어?"

"내가 시킨 청소는? 손재주 좀 있다고 알랑방귀나 뀌는 녀석. 시키는 일이나 할 것이지, 발명은 무슨!"

이런 말을 들을 때마다 장영실은 힘이 빠지고 서러웠어요.

'내가 양반이었어도 욕을 먹었을까?'

장영실의 성공 비결: 내가 가장 잘하는 일은

 안녕? 나는 장영실이야. 나는 어릴 때부터 뭔가를 고치고 새로 만드는 일을 좋아했어. 하지만 천한 신분 때문에 인정받기보다는 무시당하기 십상이었지. 그래도 나는 내 자리에서 사람들이 좀 더 편하게 살 수 있는 물건들을 발명해 냈어. 그런 내 재주가 사람들 입에 오르내리다가 왕의 귀에까지 들어가게 되었지. 신분과 상관없이 나를 있는 그대로 봐 준 임금님의 은혜에 보답하기 위해서라도 나는 더더욱 발명에 몰두했어.

어쩌면 내 인생은 태어나기 전부터 실패한 인생일지도 몰라. 무슨 말인가 싶겠지만, 태어날 때부터 귀하고 천한 신분이 따로 있는 세상에서는 그랬단다.

 하지만 실패한 인생 같은 건 없어. 천한 신분이라고 나를 무시하고, 내가 한 일을 깎아내려도 나는 늘 최선을 다해 할 수 있는 일을 해 왔어. 그러다 보니 결국 조선 최고의 발명왕이 된 거야. 혹시 자신의 처지가 별 것 아니라고 좌절하고 있다면 나를 떠올리며 네가 제일 잘할 수 있는 일에 몰두해 봐!

 더 알아보기

조선 사회의 신분제

조선시대는 사람을 '양인'과 '천민'으로 나누는 '양천제'라는 신분 제도가 있었어요. 양인은 다시 '양반', '중인', '상민'으로 나뉘었지요. 여기에 속하지 못하는 노비, 백정 등이 천민 신분이었어요. 장영실은 관청에 속한 노비, 관노였는데, 노비는 마치 물건처럼 사고 팔리기도 했어요. 한마디로 노비나 백정 같은 천민은 사람 대접을 못 받았다고 생각하면 되어요.

신분에 따른 생활 모습

❶ <양반> 김 판서 댁 첫째 아들 김철수의 일기 :

아침에 일어났더니 날이 무척 추워 따뜻한 세숫물을 방 안으로 들이도록 했다. 오늘 벗을 만나러 가기로 했지만, 최 정승 댁에 돌쇠를 보내 감기에 걸렸다고 말을 전했다. 추워서 나가기 싫기도 하고, 과거 시험도 얼마 남지 않았으니 핑계를 대어 약속을 깬 것이다.

공부를 더 열심히 할 것이다. 이번 시험에는 꼭 급제해 관직에 나가고 싶다. 돌쇠는 책방에 들러 전에 주문해 두었던 책도 찾아서 왔다. 영특한 녀석이다. 관직에 나가 만약 지방으로 발령이 난다면 아버님께 말씀드려 돌쇠는 꼭 데리고 가려고 한다.

❷ <천민> 김 판서 댁 노비 돌쇠의 일기 :

아침부터 첫째 도련님 시중드느라 분주했다. 요즘 최 정승 댁 자제분이랑 어울리느라 과거 공부도 게을리 하는 것 같아 걱정이었는데, 내가 대신 가서 오늘 약속을 깨고 왔다. 이번 과거에도 급제 못 할까 싶어 마님도 큰 걱정을 하고 계신 듯했는데, 이제라도 공부를 하려나 보다.

어릴 적에 도련님 글공부 할 때 나도 어깨 너머로 천자문을 익혔는데, 사실 도련님보다 내가 먼저 천자문을 뗴었다. 양반보다 천자문쯤 먼저 뗴었다고 우쭐할 일도 없다. 나 같은 노비는 공부를 해 봤자 과거 시험을 볼 수도 없으니까. 상민들은 과거를 볼 수 있다던데, 상민들이야 먹고살기 바빠서 아마 공부할 시간도 없고 책 살 돈도 없겠지. 양반이 되려면 과거에 급제해야 하는데, 공부를 하고 시험에 붙을 수 있는 건 다들 양반집 도련님들뿐이다. 불공평하고 억울하다.

양반의 서자로 정1품에 오른
허준

허준이 마주한 도전: 서자라는 꼬리표

왕의 병이 나날이 깊어지자 왕실의 의사 어의였던 허준의 시름도 깊어졌어요. 자신을 믿고 아껴 주는 임금님의 병을 빨리 고치고 싶었지만

마음처럼 쉬운 일이 아니었지요.

"전하, 허준을 내치시고 큰 벌을 내리셔야 합니다. 병환에 드신 지 수일이 지났는데 차도가 없는 것은 허준의 무능함 때문이옵니다."

"그러하옵니다. 허준은 출신부터 낮은 자로서 감히 전하의 건강을 맡아서는 안 될 자였습니다."

신하들의 말에 왕은 아무 말도 하지 않았어요. 멀리서 이 말을 들은 허준의 눈에는 눈물이 차올랐지요. 신하들의 반대로 몇 번이나 높은 벼슬이 취소되었을 때도 이렇게까지 속상하지는 않았는데 말이에요.

허준의 성공 비결: 병을 고치고 환자를 돌보는 것이 바로 나의 일

 안녕? 나는 왕의 주치의였던 허준이라고 해. 내가 어릴 때부터 공부를 좀 잘했어. 하지만 과거를 봐도 높은 관직에 오르기는 힘든 처지였어. 아버지는 양반이었지만 어머니가 첩이어서 나를 같은 양반으로 받아 주지 않았거든. 나는 과거를 보는 대신 병을 고치는 의원이 되기로 마음먹었어. 병을 고치고, 사람을 살리고 싶었지. 그런 나를 임금님이 어여삐 보셔서 초고속 승진을 계속하게 된 거야. 조정 대신들이 나를 미워한 이유도 내가 높은 벼슬을 받아서였어. 양반도 아닌 내가 높은 벼슬에 오른 게 미웠겠지.

전쟁이 터지고, 나를 아껴 주던 임금님이 돌아가시고, 많은 어려움이 있었지만 나는 좌절하지 않았어. 꼭 해내야 할 일이 있었거든. 바로 우리나라 사람들에게 맞는 의학책을 쓰는 일이었지. 내가 쓴《동의보감》은 지금까지도 동양에서 가장 우수한 의학책으로 인정받고 있단다. 혹시 여러분이 가진 능력보다 주위 배경 때문에 무시를 당한다면 나를 기억해. 남들 시선 따위 신경 쓰지 말고 목표를 가지고 도전해 보는 거야. 나처럼!

 더 알아보기

적자와 서자란 무엇인가요?

'적자'란 본부인에게서 태어난 아들을, '서얼'은 결혼하지 않은 첩에게서 태어난 아들을 이르는 말이에요. 서얼은 '서자'와 '얼자'를 말하는 것으로 '서자'는 어머니가 양민인 자손을, '얼자'는 어머니가 천민인 자손을 뜻해요. 이들은 양반 자손이면서도 차별 대우를 받았어요. 자신의 아버지를 아버지라 부르지 못하고 '나리', 또는 '대감마님'이라고 불러야 했어요. 마치 남인 것처럼요. 자식 대접을 받지 못했으니 당연히 제사에도 참석하지 못했고, 재산을 물려받지도 못했어요.

동양 의학의 최고봉 '동의보감'

《동의보감》은 1610년 허준이 지은 의학 백과사전이에요. 허준은 선조의 명령으로 백성들이 쉽게 볼 수 있는 의학책을 쓰기 시작했어요. 당시 중국에서 들여온 의학책은 많았지만 조선의 사정과 맞지 않아 보기 어려웠어요. 우리나라에서 구할 수 없는 약재도 많았고요. 게다가 당시 일본과의 전쟁으로 많은 백성들이 다치거나 병들어 있었어요.

 허준은 14년 만에 우리나라 사람의 몸과 생활 습관에 맞는 의학책을 완성했어요. 《동의보감》은 당시에도 우수한 의학책으로 평가받아 중국과 일본에서도 읽혔고, 오늘날에도 한의학을 공부하는 사람들이라면 동의보감을 공부하지요. 건강 관리와 예방을 중요하게 생각했던 17세기 《동의보감》의 내용은 오늘날 세계 보건 기구(WHO)가 중시하는 건강의 개념과도 일치해요. 2009년에는 그 우수성을 인정받아 유네스코 세계 기록 유산에 올랐답니다.

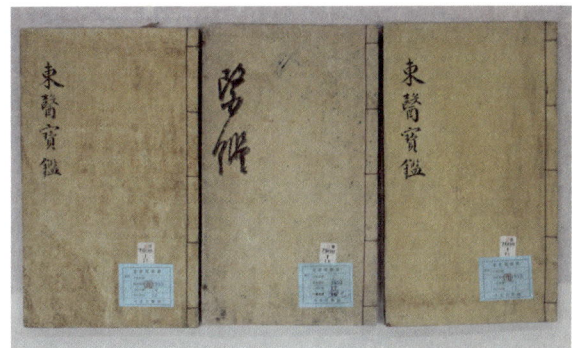
▲ 허준이 지은 《동의보감》

피부색의 계급을 없앤
넬슨 만델라

넬슨 만델라 앞에 놓인 벽: 단지 흑인이라는 이유로

넬슨이 친구와 함께 걷고 있을 때였어요. 한 백인이 손가락을 까닥거리며 말했어요.

"이봐, 까만 녀석! 이 편지, 우체국에 가서 좀 부치고 와. 흑인 녀석이 심부름을 하는 건 당연하잖아?"

백인 남자는 편지를 친구 턱밑에 내밀었어요. 친구는 억지로 그 편지를 받아야 했지요.

"너무 무례하잖아. 자기 할 일은 자기가 해야지!"

넬슨은 백인을 노려보며 소리쳤어요.

"허! 저 깜둥이가 감히 백인한테 대드는 거야?"

"요즘 흑인들은 개념이 없나 봐. 주제를 모르고."

모여든 사람들은 모두 넬슨을 비난했어요. 넬슨은 흑인이라는 이유만으로 사람 취급을 받지 못하는 현실이 너무나 분했어요.

넬슨 만델라의 성공 비결: 내가 원했던 것은 평화

안녕? 나는 남아프리카 공화국에서 온 넬슨 만델라야. 불과 몇 십 년 전만 해도 흑인들은 사람 대접을 못 받았어. 피부색이 까맣다는 이유만으로 모르는 백인들의 시중을 들어야 했다니까! 나는 이런 불공평한 일에 맞서 싸우기로 하고 변호사가 되어 흑인들의 억울함을 변호했어. 그러다 체포되어 억울하게 감옥까지 가야 했지. 그것도 평생 말이야.

하지만 나는 포기하지 않고 감옥에서도 계속 편지를 써서 전 세계에 이 부당한 인종 차별 정책을 알렸어. 결국 남아프리카 공화국의 인종 차별 정책은 폐지되었고 나는 27년 만에 감옥에서 나올 수 있었단다.

내가 석방되자 모두가 기뻐했지만 남아프리카 공화국의 백인들은 흑인들이 힘을 모아 복수할까 봐 두려워했지. 하지만 우리 흑인들은 복수를 하는 대신 화해와 포용의 마음으로 백인들을 대하기로 했어. 똑같이 되갚는 일이 반복된다면 세상에 진정한 평화는 오지 않을 테니까.

 **더 알아보기**

아파르트헤이트란 무엇일까?

　남아프리카 공화국의 극단적인 인종 차별 정책과 제도를 뜻하는 말이에요. 과거 남아프리카 공화국에서는 약 16퍼센트의 백인이 84퍼센트의 흑인을 정치적·경제적·사회적으로 차별했어요. 수가 중요한 것은 아니에요. 백인이 더 우월하다는 잘못된 생각으로 흑인들을 차별한 것이 잘못이에요. 오래전 17세기 중엽 백인들이 아프리카에 와서 살면서 시작되었는데, 사회 경제적으로 백인의 특권을 유지하고 강화했어요. 백인 지배층은 다른 나라들에게 비난을 받으면서도 꿋꿋이 이 정책을 강화했어요. 그러다 남아프리카 공화국에서 흑인들이 반발해 폭동이 일어났고, 흑인들의 투쟁이 계속되었어요.

　결국 남아프리카 공화국의 데클레르크 대통령이 차별적인 법률들을 대부분 폐지하고, 결국 아프리카민족회의(ANC)의 의장이었던 넬슨 만델라가 최초의 흑인 대통령으로 뽑히면서 아파르트헤이트는 막을 내리게 되었답니다.

노벨 평화상

노벨상은 스웨덴의 과학자이자 사업가 알프레드 노벨의 유언에 따라 세계 평화와 발전을 위해 공을 세운 사람이나 단체에게 주는 상이에요. 문학, 화학, 물리학, 생리학 또는 의학, 경제학, 그리고 평화 이렇게 6개 분야로 나뉘어 있어요. 그중에서도 노벨 평화상은 최고의 권위를 인정받고 있어요.

남아프리카 공화국의 대통령이었던 프레데리크 빌럼 데클레르크와 아프리카민족회의 의장 넬슨 만델라는 남아프리카 공회국에서 아파르트헤이트를 해체한 공로로 1993년 노벨 평화상을 함께 수상했어요.

우리나라에서는 제15대 대통령 김대중 전 대통령이 2000년에 노벨 평화상을 수상했어요.

2장

학교 담장을 넘다

학교에서 쫓겨난 엉뚱한 발명가 **토머스 에디슨**

학교에 적응하지 못했지만 교수가 된 **알베르트 아인슈타인**

대학에서 뛰쳐나온 **스티브 잡스**

우등생이 된 낙제생 **윈스턴 처칠**

학교에서 쫓겨난 엉뚱한 발명가
토머스 에디슨

토머스 에디슨의 한계: 학교에 어울리지 않는 아이

"토머스! 너 이걸 시험이라고 본 거야? 정신 안 차려?"

선생님이 토머스의 시험지를 들고 한숨을 쉬었어요. 시험지에는 답 대신 낙서만 가득했지요.

"또 빵점이야, 킥킥킥."

친구들은 토머스를 보며 수군거렸어요. 토머스는 잔뜩 주눅 들었죠.

"나 참, 한심해서! 공부를 못하면 얌전하게라도 있어야지. 매번 돌아다니면서 수업이나 방해할 거면 더 이상 학교에 나오지 마!"

잔뜩 화가 난 선생님이 소리치자 토머스는 조용히 가방을 챙겼어요. 학교에 입학한 지 석 달 만에 쫓겨나게 된 것이었어요.

토머스 에디슨의 성공 비결: 포기하지 않는다면 성공하는 날도 있어

나는 토머스 에디슨이야. 내 흑역사 봤지? 나는 학교에서 석 달 만에 쫓겨난 구제불능이었어. 산만하고 멍청하다고 구박받았지. 그래도 우리 엄마는 포기하지 않고 집에서 나를 가르쳤어. 산만한 게 아니라 호기심이 많다고 믿어 주었거든. 그 덕에 학교를 다니지 않고도 실험도 하고 발명가의 꿈을 키울 수 있었지. 기차에서 신문 파는 아르바이트를 했는데, 기차 안에서까지 실험을 하다 불을 내서 쫓겨날 정도로 발명에 몰입하곤 했어.

'천재는 1퍼센트의 영감과 99퍼센트의 땀으로 만들어진다.'는 말 들어 봤니? 그 말을 한 사람이 바로 나야. 천 개가 넘는 발명품을

만드는 동안 얼마나 많은 땀을 흘렸을지 상상할 수 있어? 축전지를 만들기까지는 2만 5천 번이나 실패했지. 그래도 나는 실망하지 않았어. 오히려 축전지가 작동하지 않는 경우를 2만 5천 가지나 알아내어서 기뻤거든. 혹시 공부 못하고 산만하다고 자주 혼나는 친구라면 나를 생각해. 우리의 실패는 성공의 또 다른 방법이라는 거, 절대 잊지 않기다!

 **더 알아보기**

세상을 바꾼 토머스 에디슨의 발명품

　토머스 에디슨은 세상에서 가장 많은 발명을 한 사람이에요. 특허 등록한 발명품만 천 개가 넘고, 비공식적으로는 2천 개가 넘는 발명품이 있다고 알려졌어요. 에디슨이 발명한 여러 발명품 가운데 사람들의 삶과 세상을 바꾼 발명품에는 어떤 것이 있을까요? 여러분도 한번 생각해 보세요.

❶ **축음기 (1876)** 소리를 녹음하고 재생하는 장치로 에디슨이 가장 아끼는 3대 발명품 중 하나예요.

❷ **백열 전구 (1879)** '인류가 발견한 두 번째 불'이라고 불릴 만큼 인류의 생활을 크게 바꾸어 놓았어요.

❸ **키네토스코프 (1889)** 가정용 영사기로 오늘날 텔레비전과 영화를 볼 수 있도록 만들어 주었어요.

❹ **축전지 (1909)** 포드 자동차 T형에 장착되어 에디슨에게 가장 많은 돈을 벌게 해 준 발명품이에요.

❺ **탄소 송화기 (1877)** 오늘날 쓰이는 현대식 전화기의 기본 원리도 이것 덕분에 만들어졌어요.

조선에서 에디슨 만나기

1887년의 어느 날, 조선의 궁궐 경복궁에서 처음으로 전깃불이 켜졌어요. 그때까지만 해도 경복궁에서는 주로 밀초를 사용했어요. 밝기도 약했고 그을음과 냄새가 심했지요. 그런데 건천궁 앞 향원지(연못) 앞에 이상한 쇳덩이가 설치되고 그 쇳덩이를 조작하자 벼락이 치는 듯한 소리가 났어요. 그런 뒤 궁궐 처마 밑에 대낮보다 더 환하게 불이 켜졌어요. 이 쇳덩이는 발전기였고, 여기에 전구까지 설치해 경복궁을 환히 밝힌 회사가 에디슨의 전기회사였어요. 에디슨이 전구를 발명한 뒤 7년 만의 일이었지요. 조선은 물론이고 동양 최초로 설치된 전기, 전등 설비였어요.

▲ 수많은 발명품을 낳은 에디슨 연구소

학교에 적응하지 못했지만 교수가 된
알베르트 아인슈타인

알베르트 아인슈타인의 한계: 강의실에선 늘 딴 생각만 나는걸

"게으른 강아지 녀석! 또 어디를 간 거야?"

강의실에서 수학자인 민코프스키 교수는 알베르트를 찾으며 소리쳤어요. '게으른 강아지'는 민코프스키 교수가 알베르트를 부르는 별명이었어요. 매일 수업은 안 듣고 잔디밭에 드러누워 딴생각만 하고 있다고 붙여 준 것이지요.

"교수님, 알베르트 또 풀밭에 누워서 멍하니 있는데요?"

같은 강의를 듣는 학생 하나가 창문 너머를 바라보며 말했어요.

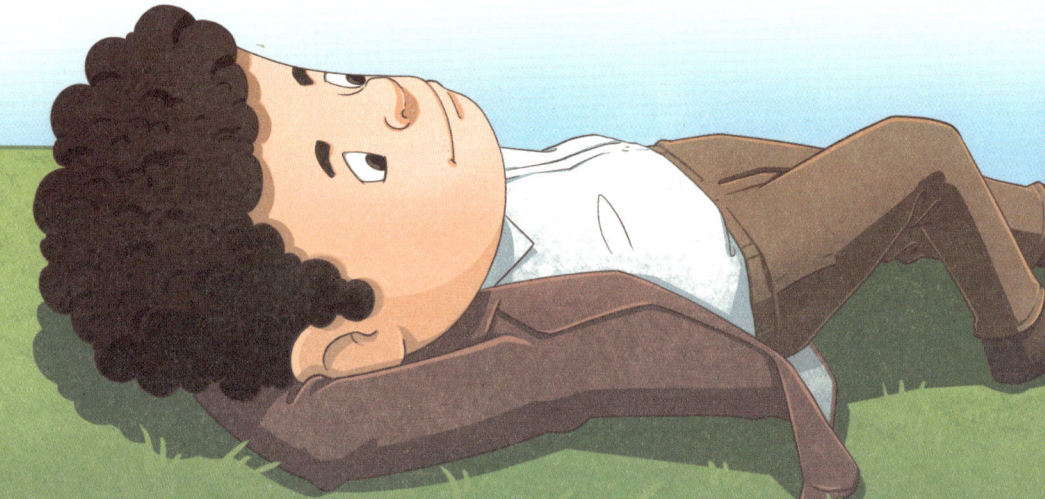

"하여튼 저렇게 생각 없고 게으른 녀석은 처음이야. 도대체 저럴 거면 뭐 하러 학교를 다니는 거야?"

민코프스키 교수는 인상을 찌푸리며 투덜거렸어요.

"알베르트만 대학원 추천서 못 받았다며?"

"저런 애한테 누가 추천서를 써 주겠니?"

학생들은 알베르트를 보며 수군거렸어요.

알베르트 아인슈타인의 성공 비결: 약점을 신경쓰기보다 장점을 자랑스러워한다면

　나는 알베르트 아인슈타인, 천재 과학자로 세상에 알려져 있지. 하지만 어릴 때부터 천재는 아니었어. 다섯 살에도 말을 잘 못 했고 학교에서도 낙제 점수를 받기 일쑤였지.

　대학에서는 물리학을 공부하면서도 혼자 책 읽고 머릿속으로 실험을 하느라 교수님들께 찍혀서 대학원도 못 갔거든.

　그래도 나만의 공부 방식을 찾아 가며 연구를 계속했어. 그렇게 해서 시공간의 개념을 바꾼 상대성 이론을 발표했는데 이건 갈릴레이와 뉴턴이 발표했던 이론을 뒤집은 거였어.

　그동안의 연구 업적을 인정받은 나는 1921년도 노벨 물리학상을 받기도 했지. 사회 부적응자로 찍힐 정도로 사회성이 좋은 편은 아니었지만 연구만큼은 치열하게 했어. 사람들과 잘 어울리지는 못했어도 늘 사람을 위한 연구를 했지. 혹시 약점이 있다면 너무 거기에 얽매이지 말고 가장 잘할 수 있는 쪽으로 깊이 있게 파고들어 봐. 나처럼 말이야.

 더 알아보기

알베르트 아인슈타인 '기적의 해' 1905년

아인슈타인은 대학을 졸업하고, 스위스 특허국 심사관으로 일했어요. 아인슈타인은 일을 하면서도 물리학 연구를 계속했어요. 아인슈타인은 연구한 것을 정리해 논문을 쓰고, 과학 학술지 《물리학 연보》에 발표했지요. 특히 아인슈타인에게 노벨 물리학상을 안겨 준 '광전 효과' 논문, 액체 속 작은 입자들의 운동을 설명하는 브라운 운동에 관한 논문, 현대 물리학의 두 기둥 중 하나라고 불리는 '특수 상대성 이론', 아인슈타인의 공식 '$E=mc^2$'으로 유명한 '질량과 에너지 등가성' 논문 등이 모두 1905년에 발표되었어요. 이 네 편의 논문은 모두 현대 물리학의 기초를 만드는 데 큰 역할을 했어요. 그래서 1905년을 '기적의 해'라고 부르기도 해요.

아인슈타인이 원자 폭탄을 만들었다?

독일에 나치 정권이 들어서자 아인슈타인은 미국으로 가서 연구를 이어 갔어요. 아인슈타인은 전쟁 중 독일이 원자 폭탄을 만들려고 한다는 사실을 알게 되었어요. 아인슈타인은 미국 대통령인 루스벨트에게 미국이 독일을 막아야 한다고 편지를 썼어요. 미국이 먼저 무기를 만들면 독일이 포기할 것이라고 생각했으니까요. 미국은 과학자들을 모아 정말 원자 폭탄을 개발했어요. 아인슈타인은 여기에 참여하지 않았지요. 하지만 무기를 만들자고 제안한 아인슈타인도, 원자 폭탄을 개발한 미국도 이 폭탄의 위력을 제대로 알지 못했어요. 미국은 1945년 8월, 전쟁을 서둘러 끝내기 위해 일본 히로시마와 나가사키에 원자 폭탄을 떨어뜨렸어요. 두 개의 폭탄이 가져온 피해와 희생은 어마어마했지요. 아인슈타인은 너무나 슬펐어요. 그래서 핵무기 폐기 운동에 앞장서는 등 평화를 지키기 위해 많은 노력을 했답니다.

대학에서 뛰쳐나온 스티브 잡스

스티브 잡스의 한계: 학교는 바보 같은 시간 낭비

"스티브. 어디 가? 다음 주가 팀 발표인데 또 도망가는 거야?"

강의실을 나가는 스티브의 뒤로 친구들의 불만이 터져 나왔어요.

"나는 이런 재미없는 발표 따위는 안 해. 너희들끼리 하든가."

스티브의 말에 친구들의 입이 딱 벌어졌어요.

"뭐라고 그러는 거야? 너희 지금 들었어?"

"쟤 원래 저런 애야. 고등학교 때부터 유명했다니까."

"야! 그런 게 어디 있어? 같이하지 않으면 학생회의 때 보고하겠어!"

한 친구가 소리치자 스티브는 뒤를 돌아보며 말했어요.

"그럴 필요 없어. 지금 내가 자퇴서를 낼 계획이거든. 너희들이랑 쓸데없이 시간 낭비하느니 내가 그만두는 게 낫겠어."

스티브는 유유히 강의실 밖을 빠져나갔어요.

"쓸데없다고? 너 같은 자식이 성공하면 내 손에 장을 지진다!"

남은 친구들은 모두 스티브를 비난하며 화를 냈어요.

스티브 잡스의 성공 비결: 고집은 어쩌면 독창적인 아이디어에 도움이 될지도

그때 그 친구, 손에 장은 지졌나 모르겠군. 아, 내가 그 스티브 잡스야. 솔직히 내가 고집도 세고 성격이 좀 안 좋았어. 그러다 보니 늘 외톨이었지. 그래서 결국 대학도 한 학기 만에 자퇴하고 집으로 돌아왔거든. 나는 내 친구 워즈니악과 함께 아버지 차고에서 컴퓨터 회사인 애플을 만들었어. 한동안 승승장구하던 우리 회사는 매출이 떨어지며 어려움을 겪었지. 그러자 회사에서는 사장인 내 성격 때문

에 이 꼴이 났다면서 나를 쫓아냈지 뭐야.

하지만 뭐, 내가 그런 일을 한두 번 당한 것도 아닌데 좌절하고 있지만은 않았어. 다시 회사를 만들고 일어섰지. 결국 나를 쫓아냈던 사람들은 나에게 애플에 다시 와 달라고 사정했어. 나는 애플로 돌아와 세계적인 기업으로 만들어 냈어. 그게 지금의 애플이야.

문제아에 성격까지 이상하다고 늘 손가락질 받던 나는 남의 말을 듣기보다 가슴 깊은 곳에서 들리는 나 자신의 말에 귀 기울였어. 그러니까 자신이 정말 원하는 게 무엇인지 스스로에게 물어보고 용기를 잃지 않길 바라!

 더 알아보기

스마트폰의 시초, 아이폰

2007년 1월 9일, 미국 샌프란시스코에서 이전까지 볼 수 없었던 새로운 휴대 전화가 공개되었어요. 스티브 잡스가 들고 나온 아이폰은 혁신적이고 마법 같은 제품이었어요. 아이폰이 나오기 전까지 사람들은 휴대 전화, 아이팟(음악 플레이어), 컴퓨터(인터넷), 카메라 등 여러 전자 기기를 다 따로 가지고 다녀야 했어요. 그런데 아이폰만 있으면 음악도 듣고, 사진도 찍고, 인터넷도 할 수 있다는 거였지요. 아이폰의 전면부는 유리로 덮인 스크린이 채우고 있었고 일반적인 버튼형 키패드가 없었어요. 스크린에 나타난 버튼이나 키패드를 손가락으로 누르면 그만이었으니까요. 기능과 디자인, 두 마리 토끼를 모두 잡은 아이폰은 출시되자마자 전 세계인들의 사랑을 받았어요.

애플의 사과 로고는 무슨 의미일까?

　애플사의 로고는 '한 입 베어 문 사과 모양'이에요. 애플사 하면 떠오르는 이미지이지요. 애플사의 첫 로고는 영국의 물리학자 뉴턴이 사과나무 아래에 앉아 책을 읽는 모습을 그린 것이었어요.

　하지만 1년 뒤, 애플사의 로고는 알록달록 줄무늬 사과 모양으로 바뀌었어요. 이 사과 모양의 로고는 단순하면서도 강렬한 이미지를 뿜어냈어요. 이 이미지는 단순하면서도 강렬하고, 화려하면서도 혁신적인 애플 회사의 이미지와도 딱 맞아떨어진답니다. 기업과 제품 그리고 CEO가 모두 동일한 이미지를 갖는 기업은 아마 애플밖에 없을 거예요.

▲ 아이폰을 살펴보는 스티브 잡스

우등생이 된 낙제생
윈스턴 처칠

윈스턴 처칠의 포기: 나는 수학은 포기할래

수학 시험 전날, 윈스턴은 수학 공식을 외우다 자기 이마를 쳤어요.

"아! 아무리 공식을 외워도 막상 문제를 보면 어떤 공식을 적용해야 되는지 모르겠어."

저번 시험에서도 수학 빵점을 받았기 때문에 이번만큼은 빵점을 피해야 했어요. 이미 윈스턴은 학교 선생님들에게 찍힐 대로 찍혔거든요. 윈스턴은 지난 학기, 생활기록부에 적힌 선생님의 글을 떠올렸어요.

'품행이 나쁘고 의욕과 야심이 없으며 다른 학생들과 자주 다툰다. 습관적으로 지각하고 물건을 제대로 챙기지 못하며 야무지지 못하다.'

"쳇, 무슨 생활기록부 글을 그딴 식으로 써 준담. 이래 가지고 육군 사관 학교는 어림도 없을 텐데."

윈스턴은 입을 삐죽이며 수학책을 다시 펼쳤어요. 하지만 이미 눈은 반쯤 감겨 가고 머릿속으로는 딴생각이 차오르기 시작했지요.

윈스턴 처칠의 성공 비결: 오늘의 실패로 영원히 낙담할 필요는 없잖아

여러분, 안녕! 내가 바로 말썽꾸러기 낙제생 윈스턴 처칠이야. 나는 지금도 수학이라고 하면 진절머리가 나. 공부를 너무 못해서 육군 사관 학교도 세 번 만에 간신히 들어갔어. 그마저도 수학 점수를 보지 않았던 기병 지망생으로 말이지. 그런데 놀라운 사실 하나 알려 줄까? 낙제생이었던 내가 육군 사관 학교에서는 우수한 성적으로 졸업했다는 거야. 그곳에서 내 적성을 찾았거든.

학교를 졸업하고는 종군 기자로 활약하다가 전쟁 포로가 되었지

만 탈출하며 영웅이 되었어. 나는 이것을 발판 삼아 정치인이 되었지. 제2차 세계 대전이 일어나 나라가 위태로워졌을 때에는 총리가 되어 영국을 지휘했지. 내가 수학은 못했어도 말발이 좀 센 편이야. 내 연설은 전쟁 속에서 영국 국민들에게 용기를 주었지. 또 전쟁에 참여하지 않으려던 미국을 설득해 무기를 지원받기도 했어. 전쟁의 경험을 바탕으로 쓴 나의 글과 연설은 노벨 문학상까지 수상했단다. 못하는 게 있다고 너무 좌절하지 마. 잘하는 것, 그거 하나를 파고드는 거야!

 **더 알아보기**

노벨 문학상을 받은 정치가 윈스턴 처칠

윈스턴 처칠은 영국의 총리이기 전부터 신문에 기고한 많은 에세이와 시사 평론은 물론 소설, 전기, 회고록, 역사서 등을 집필한 작가였어요. 전기와 역사서에서 보여 준 탁월함과, 인간적 가치를 수호하기 위해 행한 훌륭한 연설을 높이 사 1953년 노벨 문학상을 수상했어요.

처칠이 학창 시절 대부분의 과목에서 뒤처지긴 했지만 역사와 영어 과목만은 뛰어났던 것을 보아도 작가와 연설가로서의 자질을 엿볼 수 있겠죠? 게다가 처칠은 엄청난 독서광이었다니 훌륭한 작가로서의 기본을 갖춘 셈이지요.

▲ 처칠의 《제2차 세계 대전》

윈스턴 처칠의 우아한 취미, 그림

처칠은 뛰어난 그림 실력을 갖춘 화가이기도 했어요. 해군 장관직에서 사임한 뒤부터 그림에 몰두했는데 그림을 통해 스트레스와 우울에서 잠시라도 벗어날 수 있었어요. 사람들 앞에서 보여 준 활기찬 이미지와는 달리 처칠은 평생 우울증에 시달렸어요. 그림은 그런 처칠에게 안식처와도 같았어요.

2021년 미국의 배우 안젤리나 졸리가 소장하고 있던 처칠의 그림이 경매에서 109억 원에 팔려 화제가 되기도 했답니다.

▲ 그림을 그리는 처칠

3장

끝날 때까지는 끝이 아니다

휠체어에 앉아 우주 너머까지 내다본 **스티븐 호킹**

듣지 못하는 작곡가 **루트비히 판 베토벤**

길가에 버려진 것에도 생명을 준 **권정생**

허약한 체질을 바꾼 **시어도어 루스벨트**

휠체어에 앉아 우주 너머까지 내다본
스티븐 호킹

스티븐 호킹의 역경: 앞으로 2년밖에 못 산다고?

스티븐 호킹은 병원에서 자기 차례를 기다렸어요. 내일은 친구들과 천문대에 가기로 했고 여자 친구의 생일도 얼마 안 남았어요.

신나고 재미있는 요즘, 갑자기 몸이 안 좋아 병원에 검사를 받으러 온 거였지요.

진료실에 들어가자 의사 선생님은 얼굴이 잔뜩 굳어 있었어요.

"어디가 안 좋은가요?"

"루게릭 병입니다. 운동 신경 세포가 죽는 병인데 상태가 몹시 좋지 않아요. 안타깝지만 2년을 넘기기는 어려울 것 같습니다."

"네? 그게 무슨…… 지금 제가 2년도 못 살 거라는 말씀인가요?"

이제 겨우 대학생인데, 아직 하고 싶은 것이 많은데 2년밖에 살지 못한다니! 믿을 수 없는 이야기에 스티븐은 털썩 주저앉았어요.

스티븐 호킹의 성공 비결: 끝이라고 여길 때에도 방법은 있기 마련이지

 만나서 반가워. 내 이름은 스티븐 호킹이야. 나는 어릴 때부터 별과 우주에 관심이 많았어. 어느 날, 즐거운 대학 생활 중, 루게릭병이라는 진단과 함께 2년을 넘기기 어렵다는 시한부 선고를 받았지. 그 말을 들었을 때는 정말 눈앞이 캄캄했지만 남은 2년 동안 내가 할 수 있는 일을 하기로 했지. 긍정적인 내 마음가짐 덕분인지 의사의 예상보다 병세는 천천히 진행되었어. 몸을 움직일 수 없게 되었지만 나는 휠체어에 앉아 아내의 도움을 받으며 본격적으로 우주에 대해 연구하기 시작했어.

블랙홀에 대한 새로운 사실을 알아내며 나는 세계가 인정하는 과학자가 되었어. 하지만 몸을 움직일 수 없는 것에 이어 폐렴으로 목소리까지 잃으며 또 한 번의 시련이 찾아왔어. 그렇지만 나는 좌절하지 않고 음성 합성기를 사용해 난관을 극복했지. 2년밖에 못 산다던 내가 50년 이상을 살며 우주에 대한 연구를 했단다. 혹시 장애나 어려움으로 꿈을 이루기 힘들다고 느껴진다면 나를 떠올려. 우리에게 장애는 더 이상 장애가 아니니까!

 더 알아보기

스티븐 호킹이 밝힌 블랙홀의 비밀

생명이 다한 별이 폭발하면서 엄청난 힘을 내는 구멍이 생기는데 이 구멍을 블랙홀이라고 해요. 그동안 과학자들은 블랙홀이 주위의 물질을 빨아들인다고만 알고 있었어요. 하지만 1974년 스티븐 호킹은 태양의 블랙홀에 관한 새로운 이론을 발표했어요. 블랙홀은 빛보다 빠른 속도의 입자를 내뿜으며 뜨거운 물체처럼 빛을 발한다는 것이지요. 블랙홀이 에너지를 빨아들이기도, 방출하기도 한다는 현상인 '호킹 복사'가 발표되면서 블랙홀에 대한 연구는 더욱 활기를 띠게 되었어요.

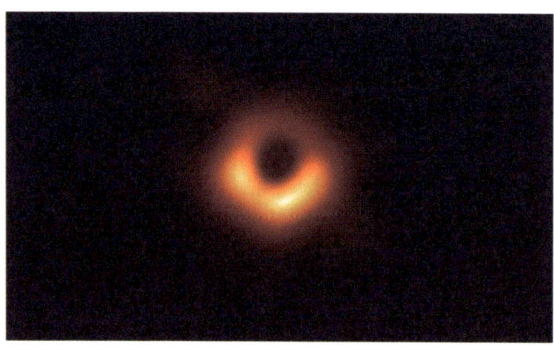

▲ 2019년 최초로 사진에 찍힌 블랙홀

스티븐 호킹의 의사소통 방법

 스티븐 호킹은 폐렴을 앓은 뒤 목소리가 나오지 않게 되자 음성 합성기를 사용하여 사람들과 대화를 했어요. 음성 합성기는 스티븐 호킹의 휠체어에 모니터처럼 달려 있어서 화면으로 2,600개의 단어를 보고 원하는 단어를 선택해서 문장을 만드는 것이지요. 그러면 음성 합성기가 문장을 소리로 만들어서 사람 대신 말을 했어요. 그 덕분에 호킹은 사람들과 대화도 하고 책도 쓸 수 있었어요.

▲ 휠체어에 앉은 채 강연하는 스티븐 호킹

듣지 못하는 작곡가
루트비히 판 베토벤

루트비히 판 베토벤의 역경: 아무것도 들리지 않아

"아! 안 들려! 아무것도 안 들린다고!"

베토벤이 소리쳤어요. 피아노 소리로 가득했지만 귓병을 앓는 베토

벤의 귀에는 웅얼거리는 소리밖에는 들리지 않았어요.

"다 틀렸어. 이제야 겨우 음악가로서 인정받기 시작했는데, 소리도 못 듣는 귀로 무슨 작곡을 하겠어?"

베토벤은 피아노를 내려치며 울부짖었어요. 당장 요청받은 음악을 완성시키는 것조차 불가능하게 느껴졌기 때문이지요. 베토벤은 피아노 뚜껑을 닫고 종이와 펜을 꺼냈어요. '유서'라는 글자를 적자 종이 위로 눈물이 후두둑 떨어졌어요.

"선생님, 안에 계세요? 괜찮으신 건가요? 문 좀 열어 보세요."

방문 밖에서 하인들이 걱정하며 문을 두드렸지만 베토벤은 아무 대답도 하지 않았어요.

루트비히 판 베토벤의 성공 비결: 귀로만 음악을 느낄 수 있는 것은 아니야

흠흠. 여러분, 안녕? 내가 바로 음악의 성인, 악성 루트비히 판 베토벤이란다. 우리 아버지는 나를 모차르트와 같은 천재 작곡가로 만들기 위해 혹독하게 훈련시켰어. 그렇게 열네 살에 궁정 오르간 연주자가 되어 재능을 인정받았어. 그런데 어머니가 돌아가시

고부터 아버지가 술에 빠져 내가 집안의 생계를 이어 가야 했어. 힘든 시절이었어.

다행히 최고의 음악가 하이든과 모차르트의 지도를 받으며 연주자로 활발한 활동을 할 수 있었지.

하지만 음악가로 인정받을 즈음부터 나는 귓병을 앓게 되었어. 생각해 봐, 못 듣는다는 건 죽음을 맞이한 것 같은 기분이었어. 오죽하면 내가 유서까지 썼겠어. 그래도 내가 그런 극단적인 생각을 물리친 건 음악을 향한 열망 때문이었어. 반드시 대작을 쓰겠다는 일념으로 열정을 다해 작곡했지. 아무리 불가능해 보이더라도 해내고야 말겠다는 강력한 의지가 있다면 꿈은 이루어져. 그러니까 포기하지 마!

 더 알아보기

베토벤의 명곡들

❶ **교향곡 제5번 운명** 공포·비극·투쟁의 운명에 대한 씩씩한 전투를 시작하는 도입부가 인상적인 곡이에요. 〈운명 교향곡〉만큼 많은 사람들에게 애청되고 있는 곡은 없을 정도예요. 베토벤은 9개의 교향곡 중에서는 물론이고, 다른 어떤 교향곡이라 할지라도 이 곡과 비교할 수는 없을 거라고 했답니다.

❷ **교향곡 제3번 영웅** 나폴레옹을 '이상적인 영웅'이라 여겨 이 곡을 헌정하려고 했지만 나폴레옹이 스스로 프랑스 황제에 오르자 베토벤은 크게 실망했어요. 그래서 악보의 속표지를 찢고 그 뒤에 영웅의 추억을 기리기 위해 〈영웅 교향곡〉이라고 적었어요.

❸ **피아노소나타 제14번 월광** 피아노 제자였던 사랑하는 줄리아에게 바친 곡이에요. 하지만 줄리아는 이 곡을 받고 얼마 후 젊은 백작과 결혼했다는 슬픈 이야기가 있어요.

❹ **바가텔 엘리제를 위하여** '바가텔'이란 짧고 문학적인 피아노 소품곡을 말해요. 이 곡은 엘리제라는 귀여운 어린이를 위해서 쓴 것이라는 사실 말고는 알려진 것이 없어요. 베토벤이 40세 때 만든 작품으로 가볍고 상쾌하며 매우 친근한 곡이에요.

❺ **피아노소나타 제8번 비창** 제목은 〈비창〉이지만, 오히려 '감동'이라든가 '열정'이라고 함이 마땅할 정도로 정감에 넘친 곡이에요. 〈비창〉은 당시 빈의 피아니스트들이 다투어 악보를 갖고 싶어 할 만큼 아름다웠어요. 이 곡으로 베토벤의 명성이 유럽에 널리 퍼졌어요.

❻ **교향곡 제9번 합창** 베토벤의 귀가 완전히 들리지 않게 된 후 완성한 곡이에요. 이 곡의 연주가 끝나자 관객들은 열광적으로 환호했으나 베토벤은 지휘봉을 손에 든 채 우두커니 서 있었어요. 청각을 잃었기에 등 뒤에서 일어난 열광의 찬사가 들리지 않는 것이었지요. 알토 가수가 다가가서 그를 뒤로 돌아서게 했고, 그제야 베토벤은 청중들과 함께 기쁨을 나눌 수 있었어요.

길가에 버려진 것에도 생명을 준 권정생

권정생의 역경: 시한부 선고를 받다

추운 겨울, 전쟁이 휩쓸고 지나간 거리에 한 소년이 있었어요.

"아저씨, 염치없지만 조금만 도와주세요."

소년 권정생은 덜덜 떨며 손을 내밀었지만 그 누구도 돌아보지 않았어요. 정생은 연거푸 기침을 하다 쓰러졌어요.

잘 먹지 못하고 추위와 싸우던 정생은 건강이 급격히 나빠졌

지만 몸을 돌볼 여력이 없었어요. 평소 나무를 하거나 고구마를 캐서 팔기도 했지만 건강이 나빠지자 그마저도 하기 어려워 구걸까지 하게 된 것이었어요.

"아, 이대로 죽는 걸까? 세상에 아무것도 남기지 못하고?"

정생은 눈앞에 핀 민들레꽃을 보다 어지러워 눈을 감았어요.

권정생의 성공 비결: 아프고 지친 몸이어도 자신을 아끼고 사랑해 주세요

 어린이 여러분, 나는 동화작가 권정생이라고 해. 어린 시절 나는 거지가 되어 구걸을 하며 떠돌 정도로 가난했어. 가난과 굶주림 때문에 열아홉 살에 결핵이라는 병에 걸렸지. 그때 의사가 나한테 2년밖에는 못 산다고 했거든. 그런데 정말 내가 곧 죽는다고 생각하니까 세상에 태어나 아무것도 남기지 못한 채 죽기는 싫었어.

 나는 산골 마을에서 교회 종을 치는 일을 하면서 글을 쓰기 시작했어. 어릴 때 어머니가 들려주시던 옛날이야기와 아버지가 주워 온 그림책이 힘든 시절을 버티는 힘이 되었거든. 그렇게 써 내려간 동화 〈강아지똥〉이 공모전에 당선되었어.

하지만 결핵이 더 심해져 신장 한쪽과 방광을 떼어 내느라 평생을 고통에 시달렸지. 그래도 가난과 외로움, 건강을 잃고 아픈 나 자신을 끝까지 포기하지 않았어. 혹시 자신이 쓸모없다고 느껴진다면 나를 생각해 줘. 하찮고 보잘것없다고 여겼던 것들의 진정한 가치를 찾아낸 내 동화처럼 우리 포기하지 말고 스스로를 사랑하며 희망을 놓지 말자.

 더 알아보기

권정생이 우리에게 남긴 작품들

자그마한 집에 살면서 어린이들을 위한 동화를 써 온 권정생은 병이 악화되어 세상을 떠났어요. 외롭지만 주변을 돌보고, 가난하고 약하지만 용기 있게 세상을 살아온 권정생을 닮은 작품들이 우리 곁에 남아 있어요.

❶ **강아지똥** 권정생의 데뷔작으로 1969년 《월간 기독교》의 제1회 기독교 아동문학상을 수상한 작품이에요. 아무도 거들떠보지 않는 하찮은 강아지똥조차도 알고 보면 소중한 존재라는 사실을 알려 주어 어린이들에게 교훈과 감동을 주는 작품이랍니다.

❷ **몽실 언니** 잡지 《새가정》에 연재된 장편 동화로 8·15 광복의 혼란과 6·25 전쟁의 소용돌이 속에서 불행한 삶을 살지만 꿋꿋이 헤쳐 나가는 '몽실'이라는 소녀를 주인공으로 한 권정생의 대표작이에요.

❸ **엄마 까투리** 권정생의 유작으로 권정생이 글을 쓰고 김세현이 그림을 그렸어요. 어미 꿩 까투리의 헌신적인 모성애를 담은 작품으로 애니메이션으로도 만들어져 큰 사랑을 받고 있어요.

권정생의 평생 친구 이오덕

1970년대 초, 산골학교 교사인 이오덕이 안동에서 혼자 사는 무명의 동화작가 권정생을 찾아갔어요. 중견 아동 문학가였던 이오덕은 권정생의 《강아지똥》을 읽고 작품에 반해서 무작정 그를 찾아간 것이지요. 두 아동 문학가는 금세 마음이 통했고 수백 통의 편지를 수십 년간 주고받으며 평생 친구가 되었어요. 외딴 시골에서 혼자 동화를 쓰던 권정생의 작품을 널리 알려 빛을 보게 한 사람도 이오덕이에요. 이오덕의 무덤 앞에는 자신과 권정생의 시 한 편씩이 각각 비석에 씌어 있어요.

허약한 체질을 바꾼 시어도어 루스벨트

시어도어 루스벨트의 좌절: 루스벨트 가의 약골 도련님

링 위에 올라선 시어도어는 주먹을 불끈 쥐었어요. 이번 시합에서는 꼭 이기고 싶었거든요.

"쟤가 그 시어도어 루스벨트야?"

"맞아. 녀석이 무슨 권투를 하겠다고."

"부잣집 도련님이 공부나 할 것이지. 권투는 뭐 아무나 하냐?"

링 밖에서 수군거리는 소리가 들렸어요. 타고난 허약 체질이었던 시어도어는 주위의 반대를 무릅쓰고 꾸준히 운동을 하며 체력을 단련했어요. 이제 하버드 약골이라는 별명을 벗어던지고 싶었지요.

"띵!"

공이 울리자마자 상대 선수의 강편치가 시어도어를 강타했어요. 시어도어는 그대로 녹다운되고 말았어요. 창피함에 눈을 꼭 감은 채로요.

시어도어 루스벨트의 성공 비결: 노력해서 강해지는 약점도 있는 법

 이런, 창피하군. 저기 뻗어 버린 선수가 바로 나, 시어도어 루스벨트거든. 똑똑한 데다가 집도 부자였던 나한테 딱 하나 없는 게 바로 건강이었어. 하지만 내 삶의 신조가 '후회 없이 갈 데까지 가 보자' 이거야. 천식도 있고 심장이 약해서 정상 생활이 어려우니 조심조심 살라던 의사의 말을 들었지만 나는 아랑곳하지 않았어.

 하고 싶은 일을 다 하며 내가 사는 마지막 날까지 최선을 다해 살고 싶었단다. 벌벌 떨며 건강만 유지하고 싶진 않았어.

하버드를 졸업한 뒤 정치인이 된 나는 스페인과의 전쟁에 참전해 승리하며 국민적 영웅이 되었어. 그리고 윌리엄 매킨리 대통령과 함께 선거에 이겨 부통령이 되었지. 하지만 이건 위기이기도 했어. 사실 부통령은 실권도 없는 명예직에 가깝거든. 그런데 맥킨리 대통령이 암살당하면서 부통령인 내가 대통령직을 이어받았어. 대통령이 된 나는 진보적인 개혁과 강력한 대외 정책으로 미국의 국력을 높이는데 크게 기여했지. 끝까지 밀어붙이는 내 성격, 알잖아. 나중에는 환경보호에도 앞장서고 러일 전쟁을 중재하며 모로코 분쟁을 해결한 공로로 노벨 평화상까지 받게 되었지. 한계는 누구도 정할 수 없어. 나와 같이 자신의 한계를 깨부수는 거야!

 더 알아보기

루스벨트에 의해 탄생한 테디 베어

　손바느질로 만들어진 곰 인형 테디 베어가 루스벨트의 이름 '시어도어'에서 따왔다는 사실을 알고 있나요? '테디 베어'는 루스벨트의 사냥 여행에서 시작되었어요. 곰 사냥에서 루스벨트가 한 마리도 잡지 못하자 주최 측에서는 대통령이 쏠 수 있도록 곰을 잡아서 묶어 두었어요. 하지만 루스벨트는 결박된 동물은 쏘지 않겠다며 곰을 그냥 놓아주라고 했지요. 이 이야기가 널리 알려지자 브룩클린에서 장난감을 팔던 모리스 미첨이 시어도어 루스벨트의 애칭 '테디'를 따서 '테디 베어'라는 곰 인형을 만들었어요. 테디 베어는 전 세계 아이들이 좋아하는 장난감이 되었답니다.

러시모어산의 네 대통령

미국 사우스다코타주에 있는 러시모어산에는 위대한 대통령들의 조각이 새겨져 있답니다. 미국 초대 대통령이자 위대한 민주국가의 탄생을 위하여 헌신한 조지 워싱턴, 미국의 독립선언문을 기안했고, 루이지애나 지역을 구입해 국토를 넓힌 토머스 제퍼슨, 남북전쟁 당시 북군의 승리로 미연방을 살렸고, 모든 인간의 자유를 지킨 에이브러햄 링컨, 그리고 서부의 자연보호에 공헌이 컸고 파나마운하 구축 등 미국의 위치를 세계적으로 올려놓은 시어도어 루스벨트, 이렇게 네 사람의 얼굴이 거대한 바위에 조각되어 있지요. 무려 14년에 걸쳐 만들어진 대작이랍니다.

▲ 러시모어산의 대통령들

4장

가난도 막을 수 없었던 열정

가난한 싱글맘에서 베스트셀러 작가가 된 **조앤 K. 롤링**

대학에 못 갔지만 침팬지 박사가 된 **제인 구달**

어린이에게 웃음을 선물하는 **월트 디즈니**

가난한 싱글맘에서 베스트셀러 작가가 된
조앤 K. 롤링

조앤 K. 롤링의 역경: 한치 앞도 보이지 않아

어두침침하고 좁은 골방 안, 조앤은 낡은 컴퓨터의 자판을 두드리고 있었어요. 조앤의 무릎 위에는 어린 딸이 안겨 보채고 있었지요.

"아가, 미안해. 이것만 다 쓰고 같이 놀자. 조금만 참아."

조앤은 문득 바닥에 놓인 분유통을 바라보았어요. 오늘만 먹이고 나면 내일부터는 아기가 먹을 분유도 바닥날 판이었어요.

"이런. 정부 보조금이 나오려면 아직 삼 일이나 남았는데."

그때 전화벨이 울렸어요.

"네. 제가 조앤인데요. 네? 아, 네, 알겠습니다."

조앤은 힘없이 전화를 끊었어요. 며칠 전 일자리를 구하기 위해 이력서를 낸 곳에서 떨어졌다는 연락이었지요. 일자리도 없고 돈도 다 떨어졌고, 홀로 어린 딸을 키우기 위해 뭐라도 해야 한다는 생각에 동화를 쓰기 시작했지만 이마저도 쉽지 않은 현실에 눈물이 떨어졌어요.

조앤 K. 롤링의 성공 비결: 실패하면서 진정한 나를 돌아볼 수 있어

 안녕? 내 이름은 조앤이야. 나는 이혼한 뒤 어린 딸을 혼자 키우며 어렵게 살았어. 일을 하고 싶어도 아무도 나에게 일을 주지 않더라. 정말 내 삶은 구질구질한 굴욕 그 자체였어.

 지친 나는 절망 속에서도 내가 진짜 원하는 일이 뭘까 생각해 보았어. 나는 어릴 때부터 글 쓰는 걸 좋아했지. 내가 쓴 글을 친구들이 재미있게 읽어 주었거든. 그래서 구직 활동과 육아를 하면서 동화를 쓰기로 했어. 자신이 마법사인 것도 모르고 마법 학교에 들어가게 된 소년을 주인공으로 말이야.

하지만 처음 《해리 포터》를 출판사에 보냈을 때 반응은 시원찮았어. 어린이들이 읽기에는 너무 길고 어렵다나? 책을 낸 건 열세 번째 출판사였어. 그리고 마침내 《해리 포터》는 전 세계 어린이들에게 사랑받게 되었지. 혹시 실패한 인생이란 생각이 드니? 실패 없이는 진정한 나 자신에 대해, 진짜 친구에 대해 알 수 없어. 우리에게는 마법이 없어도 실패를 성공으로 바꿀 힘이 있단다. 자신을 믿어 봐.

 더 알아보기

《해리 포터》 시리즈에 관한 기록들

《해리 포터》 시리즈는 역사상 가장 성공한 소설 시리즈라고 할 수 있어요. 《해리 포터》는 롤링을 최초의 억만장자 작가로 만들어 준 책이에요. 또한 공식적으로 판매량이 확인된 소설 중에서 세계에서 가장 많이 팔린 소설 시리즈랍니다. 오죽하면 성경 다음으로 많이 팔린 책이라고 불릴까요?

2018년 기준, 시리즈를 통틀어 약 5억 부가 팔렸으며 전 세계 200개국 이상 80개의 언어로 번역되었어요. 소설을 바탕으로 워

▲《해리 포터와 혼혈 왕자》를 기다리는 독자들

너 브라더스가 제작한 영화도 역대급 성공을 기록했으며 워너 브라더스 사상 가장 성공한 시리즈가 되었어요.

소설과 영화의 대성공으로 게임, 테마파크, 굿즈 등 400여개 이상의 《해리 포터》 상품들이 세상에 나오게 되었지요.

《해리 포터와 혼혈 왕자》는 발매 뒤 첫 24시간 동안 전 세계에서 1,080만 부가 넘게 팔렸어요. 그리고 완결작 《해리 포터와 죽음의 성물》은 발매 뒤 첫 24시간 동안 전 세계에서 1,100만 부가 넘게 팔려 출판 사상 가장 빨리 팔린 기록을 세웠답니다.

대학에 못 갔지만 침팬지 박사가 된
제인 구달

제인 구달의 역경: 아프리카에 가야겠어

　정신없이 바쁜 점심시간이 지나고 테이블을 닦던 제인의 눈은 벽에 걸린 텔레비전으로 향했어요. 마침 제인이 가장 좋아하는 야생 동물 프로그램이 나오고 있었거든요. 제인은 아프리카 동물들이 뛰노는

모습에 넋을 잃었어요.

"제인! 한가하게 텔레비전이나 보고 있을 때야? 빨리 빨리 치워!"

"네!"

그릇을 나르면서도 제인은 텔레비전의 침팬지에게서 눈을 뗄 수 없었어요.

"사장님, 저 침팬지 정말 귀엽지 않아요?"

"귀엽긴. 너는 대학 가고 싶다더니 그렇게 일해서 어느 세월에 돈 모을래?"

"열심히 해야죠. 전 대학에 가서 동물들에 대해 공부하고 싶어요. 아, 아프리카에 가서 동물들을 직접 보고 연구하는 것도 제 꿈이에요!"

"잡담 그만하고 설거지나 해. 비행기 탈 돈도 없는데 무슨 아프리카 여행이야?"

주인은 제인을 한심한 듯 쳐다보며 면박을 주었어요.

제인 구달의 성공 비결: 꿈을 버리지 않으면 그 꿈이 길을 열어 주기도 해

　내 이름은 제인 구달, 침팬지들의 어머니라고 불려. 어릴 때부터 동물을 좋아했던 나는 아프리카에서 동물들과 함께 사는 게 꿈이었어. 하지만 집이 가난해서 대학에 갈 수 없었지. 돈을 벌기 위해 아르바이트를 하다가 케냐에서 지내던 친구의 초대로 케냐에 가게 되었어. 그곳에서 나는 자연사 박물관장 루이스 리키 박사님의 조수가 되었어. 나의 열정을 안 박사님은 침팬지 연구를 제안했고 나는 탄자니아에 가서 본격적인 침팬지 연구를 시작했단다.

　하지만 그곳 사람들은 나를 여자라고, 또 대학도 안 나왔다고 무시했어. 게다가 침팬지들을 직접 보기까지도 상당한 시간이 걸렸어.

그래도 나는 포기하지 않았지. 마침내 침팬지들은 나에게 마음을 열었고 나는 침팬지가 도구를 사용하는 것과 사회생활을 한다는 사실을 처음으로 알아냈어. 또 무분별한 개발과 밀렵을 막는 환경 운동에도 앞장섰지. 꿈을 향해 나아갈 때 장애물이 있다면 나처럼 인내심을 가지고 때를 기다리렴. 포기하지만 않는다면 반드시 이루어지니까.

 더 알아보기

제인 구달이 발견한 침팬지 이야기

 제인 구달은 침팬지가 사냥과 육식을 즐긴다는 사실과 연한 나뭇가지를 구멍에 쑤셔 넣는 방법으로 흰개미를 잡아먹는다는 사실을 알아냈어요. 특히 두 번째 발견은 도구를 만들거나 사용하는 것이 오로지 인간만이 지닌 능력이라는 생각이 지배적이던 시절에 큰 충격으로 다가왔지요. 게다가 침팬지들은 서열이 확실히 형성되어 있으며, 끔찍한 폭력성을 갖고 있다는 것도 밝혀냈어요. 이러한 연구는 단순히 잘 몰랐던 침팬지들의 생태와 특성을 알게 되고 더 나아가, 인간이 인간다운 이유가 무엇인지 더 깊이 있게 연구하는 계기가 되었어요.

▲ 사람과 가장 많이 닮은 동물 침팬지

뿌리와 새싹 운동

　제인 구달에게 침팬지는 단순히 연구 대상만이 아니라 지구에서 인류와 함께 살아가야 하는 존재였어요. 하지만 200만 마리였던 침팬지가 개발과 밀렵으로 50년 만에 15만 마리로 줄어들었어요. 무분별한 개발로 침팬지가 사라지는 모습을 볼 수 없었던 구달은 동물 보호 운동에 발 벗고 나섰어요. 자연의 소중함을 깨닫고 자연을 아끼고 보호하자는 '뿌리와 새싹 운동'을 시작한 것이에요. 탄자니아 청소년 10명과 시작한 이 운동은 거창한 내용보다 지속적인 작은 실천에 목표를 두고 있어요. 지금은 전 세계 114개국에서 수만 명의 회원과 함께 하는 국제적 동물 환경 보호 운동이 되었지요.

어린이에게 웃음을 선물하는
월트 디즈니

월트 디즈니의 좌절: 돈이나 벌어

월트는 버려진 신문 귀퉁이에 연필로 그림을 그리고 있었어요. 그림을 그릴 때면 힘든 일들을 잊을 수 있었지요. 즐거운 시간은 오래가지 못했어요. 방문이 벌컥 열리더니 아버지의 고함이 터졌어요.

"너, 이 녀석! 구두 닦으러 안 나가고 뭐하는 거야?"

아버지는 구두 상자를 내던지며 화를 냈어요.

"이것만 그리고요. 그리고 조금 전까지 신문 배달하고 와서 잠깐 쉬는 거란 말이에요."

월트는 그림을 계속 그리며 투덜거렸어요.

"그림에서 돈이 나와, 빵이 나와? 집어치우고 가서 돈 벌어와!"

아버지는 월트의 그림을 빼앗아 찢어 버렸어요. 월트는 분하고 억울한 마음에 주먹을 꼭 쥐었어요.

월트 디즈니의 성공 비결: 모든 어린이들이 행복하게 웃는 날을 꿈꿔

 안녕, 어린이 여러분! 나는 여러분의 친구, 월트 디즈니야. 나는 아주 가난한 어린 시절을 보냈어. 아버지는 어린 나에게 돈 벌기를 강요했지. 그러다 보니 학교도 제대로 다니지 못했어. 그림 그리는 걸 좋아했지만 하고 싶은 일을 할 수 없었어. 아버지로부터 벗어나고 싶었던 나는 광고 회사에 취직하며 광고 도안을 그리게 되었고 내 친구 아이웍스와 함께 작은 스튜디오까지 차리게 되었지.

 돈과 노력이 많이 들었지만 그 당시 애니메이션은 새로운 분야였고 보려고 하는 사람이 없었기에 우리는 자꾸 실패했어. 그래도 나는 포기하지 않고 영화의 중심지인 할리우드로 갔지. 여기서

워너 브라더스 회사와 계약을 맺고 일이 잘 풀리나 싶었지만 또 한 번의 위기가 찾아왔어. 배급업자가 많은 돈을 빼돌린 거야.

파산 직전의 위기 속에서 나는 절망하기보다 내가 제일 잘하는 그림을 그렸어. 그리고 쥐를 주인공으로 한 시나리오를 썼지. 바로 모두가 잘 아는 '미키 마우스'야! 나는 불행한 어린 시절을 보냈지만 절망하지 않고 꿈을 현실로 만들었어. 지치고 힘들 땐 꿈을 꾸렴. 그 꿈을 현실로 만드는 건, 바로 우리 자신이야!

 더 알아보기

월트 디즈니의 꿈은 계속 이루어진다

엄마, 아빠 들은 텔레비전에서 틀어 주는 디즈니 애니메이션을 보고 자랐어요. 미키 마우스, 도널드 덕, 구피, 스크루지 맥덕 등 유쾌한 캐릭터들이 어린이들에게 웃음을 주었고, 애니메이션 영화 《인어 공주》, 《라이온 킹》, 《알라딘》, 《미녀와 야수》, 《겨울왕국》 등의 작품으로 어린이들에게 가슴 깊은 감동을 선물했지요.

어린이들의 웃음을 보고 싶은 월트 디즈니의 꿈으로 만들어진 미키 마우스가 처음 태어난 게 1928년이에요. 몇 년 전인지 세어 보려면 식구들 손가락을 다 합해도 힘들걸요. 이렇게 오래된 캐릭터지만 미키 마우스는 여전히 세계 어린이들의 사랑을 받고 있어요. 《겨울왕국》의 안나와 엘사도 어쩌면 미키 마우스처럼 수십 년이 지나도 계속 사랑받을걸요.

월트 디즈니는 자신이 만든 캐릭터를 현실로 데려와 만날 수 있는 '디즈니랜드'를 만들었어요. 세상에 놀이 공원은 많지만, 월트 디즈니가 꿈꾸는 디즈니랜드는 재미난 이야기를 들려줄 수 있는 영화 속 같은 공간이었어요. 환상의 공간에서 꿈같은 모험을 떠날 수 있는 공간이지요. 월트 디즈니가 처음 만든 캘리포니아 애너하임의 디즈니랜드를 비롯해 지금은 일본 도쿄, 중국 상하이, 홍콩, 프랑스 파리 등 세계 곳곳에 꿈 많은 어린이들을 위한 디즈니랜드가 있답니다.

디즈니는 세상을 떠났지만, 그가 만든 디즈니 스튜디오는 아직도 힘차게 일하고 있어요. 세상 모든 어린이들에게 웃음을 선물하고 싶은 월트 디즈니의 꿈은 오늘도 계속됩니다.

▲ 디즈니랜드가 처음 문을 연 날

5장

사랑의 아픔으로 빚어낸 예술

아픔을 아름다운 동화로 이겨낸 **한스 크리스티안 안데르센**

죽은 뒤에야 인정받은 화가 **빈센트 반 고흐**

헤어질 때마다 명작 탄생, **요한 볼프강 폰 괴테**

아픔을 아름다운 동화로 이겨낸
한스 크리스티안 안데르센

한스 크리스티안 안데르센의 좌절: 고백만 하면 차이다니

한스는 떨리는 손으로 편지와 꽃다발을 내밀었어요.
"제니, 당신을 사랑해요. 부디 내 사랑을 받아 주세요."

한스는 말에 제니는 조심스럽게 거절했어요.

"한스, 당신과는 좋은 친구로 지내고 싶어요. 미안해요."

한스는 고개를 푹 숙였어요. 곁에서 사람들이 수군거렸어요.

"가난한 시골뜨기가 글 좀 쓰더니 세계적인 가수 제니를 넘봐?"

"완전 미녀와 야수지. 저 얼굴로 무슨……."

"저 사람 여자한테 차인 게 벌써 몇 번째야? 딱하기도 하지."

사람들의 말에 한스는 더욱 더 비참해졌어요. 왜 사랑은 단 한 번도 자신에게 허락되지 않을까 서러움이 북받쳤지요.

한스 크리스티안 안데르센의 성공 비결: 그래도 어린이들은 나와 내 동화를 사랑해 주지

 모두들 안녕! 나는 한스 크리스티안 안데르센이야. 내가 쓴 동화 안 읽어 본 사람은 없겠지? 어릴 때는 배우가 되고 싶었어. 하지만 키만 큰 데다 외모와 심한 사투리 때문에 결국 그 꿈을 이루지 못했어. 절망에 빠진 그때, 누군가 내 글솜씨를 알아보고 라틴어 학교에 추천해 주었어. 거기서 본격적으로 문학을 배웠지. 그런데 교장 선생님은 내 동화가 유치하다며 무시했어.

 그래서 처음에는 어른을 위한 글을 써 보려고 했지만 생각만큼 잘 되지 않았어. 결국 가장 자신 있고 좋아하는 동화를 쓰기로 했지.

신기하게도 내 동화는 어린이뿐 아니라 어른들도 좋아했어.

하지만 내 사랑을 이루지는 못했어. 용기 내어 고백만 하면 늘 거절당했거든. 실연의 아픔으로 힘들었지만 그것마저도 동화로 녹여내어 극복하려고 애썼어. 〈인어 공주〉 같은 동화가 바로 그런 거지.

나는 운이 참 좋아. 내가 쓴 작품이 지금까지도 큰 사랑을 받고 있잖아. 못생기고 재주가 없어 사랑받지 못한다고 슬퍼하는 친구 혹시 있니? 〈미운 오리 새끼〉 알지? 우리에게는 자신도 모르는 진짜 모습이 있다는 사실, 잊지 마.

 더 알아보기

어린이들의 선물 안데르센의 동화

한스 크리스티안 안데르센이 명성을 세계에 널리 알린 작품은 사실 동화 작품이 아니었어요. 자신이 겪은 이야기를 바탕으로 쓴 자전 소설로 주인공 안토니오가 성장하고 사랑을 찾아가는 이야기를 담은 《즉흥시인》이 바로 안데르센을 유명하게 해 주었지요. 이 소설은 인기도 많았지만 평론가들로부터 좋은 작품으로 평가받기도 했어요. 그런데 사람들의 예상과는 달리 안데르센을 그 뒤로 어린이들을 위한 동화를 계속 썼어요. 어떤 사람들은 이렇게 훌륭한 작품을 쓸 수 있는 사람이 동화나 쓰는 것은 재능 낭비라고 말하기도 했대요. 어린이들도 재미있고 감동적인 동화를 읽을 권리가 있는데 말이에요. 이건 그때의 어떤 어른들이 동화나 그림책 같은 어린이 문학을 중요하게 여기지 않아서 생긴 일이겠지요. 아무튼 사람들이 뭐라고 하건 안데르센은 어린이들을 위한 작품을 160여 편 넘게 남겼고, 200년 가까이 어린이들에게 좋은 선물이 되어 주고 있답니다.

아동 문학계의 노벨상 한스 크리스티안 안데르센 상

안데르센을 기리고자 1956년 제정된 상인 '한스 크리스티안 안데르센 상'은 특정 작품이 아닌 작가가 지금까지 창작한 모든 작품을 살펴보고 작가에게 주는 상이에요. 그래서 더욱 더 대단한 명예로 여겨지며, 노벨상만큼 큰 상금은 없지만 '아동 문학계의 노벨상'으로 불릴 정도로 아동 문학계 최고의 권위를 인정받고 있어요. 아동 문학 발전에 공헌한 글·그림 작가를 2년마다 한 명씩 선정해 수여하고 있지요.

《내 이름은 삐삐 롱스타킹》을 쓴 아스트리드 린드그렌, 《무민》 시리즈를 쓴 토베 얀손, 《돼지 책》을 쓴 앤서니 브라운, 《괴물들이 사는 나라》를 쓴 모리스 샌닥 등 여러 유명 작가들이 이 상을 받았어요. 2022년에는 우리나라의 일러스트레이터 이수지 작가가 이 상을 받았어요.

죽은 뒤에야 인정받은 화가
빈센트 반 고흐

빈센트 반 고흐의 좌절: 내가 사랑하는 사람들이 모두 나를 떠나!

"네가 어떻게 나한테 이럴 수 있어? 떠나겠다고?"

빈센트가 소리를 지르자 시엔도 화를 냈어요.

"그래. 떠날 거야. 너처럼 괴팍하고 예민한 사람이랑 같이 지내는 것도 이제 더 이상 못 버티겠다고! 너는 제정신이 아니야!"

시엔은 가방을 들고 그대로 집을 나가 버렸어요.

"도대체 왜 모두 나를 떠나는 거야? 내가 뭘 그렇게 잘못했다고."

털썩 주저앉은 빈센트의 눈에서는 눈물이 하염없이 떨어졌어요. 자신의 모든 것을 다 바쳐 그리는 그림도 제대로 인정받지 못하고, 사랑하는 여자들도 늘 빈센트를 거절하고 떠났으니까요. 게다가 시엔과의 사랑을 반대하던 가족들과도 멀어져 버렸어요. 또 다시 혼자 남겨진 빈센트는 너무나 외롭고 슬펐어요.

빈센트 반 고흐의 성공 비결: 불행한 날만 보냈던 것은 아니야

 한국인이 가장 사랑하는 화가 1위가 누군지 아니? 바로 나, 빈센트 반 고흐야. 비록 살아있는 동안은 화가로서 제대로 인정받지 못했지만 말이야. 사실 내 삶은 실패의 연속이었다고 할 수 있어. 성실했지만 지나치게 예민한 성격 탓에 나는 사회생활이 힘들었어. 화랑에서 그림을 파는 점원으로 일할 때도 손님들과 마찰을 종종 빚어 쫓겨나게 되었지. 아버지를 따라 목사가 되려고도 했지만 시험에서 떨어졌어. 게다가 내가 사랑했던 여자들은 모두 나를 싫어하거나 다른 남자가 있거나, 그것도 아니면 집안의 반대로 헤어져야만 했어. 정말 어느 것 하나 잘되는 일이 없었지.

 그런 나에게 유일한 기쁨이 바로 그림이었어. 동생 테오가 그림을 그리면 어떻겠냐고 했어. 그래서 그림을 그리기 시작했는데, 처음으로 마음이 편안한 일을 하게 된 거야. 여전히 예민한 성격으로 가까운 사람들과 갈등을 겪었지만 그래도 그림에 대한 내 열정만은 꺾이지 않았어.

　주변 사람들이 마음을 몰라줘서 외롭니? 그렇다면 마음을 가장 편안하게 해 주는 일을 찾아봐. 좋아하는 일에 몰두할 때 너는 가장 빛날 테니까.

 더 알아보기

빈센트의 평생 친구 테오

　빈센트의 친동생 테오는 빈센트의 평생 친구이기도 했어요. 두 형제의 우애는 매우 각별했지요. 테오는 힘들게 번 돈으로 형의 생활비를 대며 형이 계속해서 그림을 그릴 수 있도록 물심양면으로 도왔어요. 형의 예술을 동경하고 자랑스러워한 테오는 빈센트 반 고흐의 작품 세계에도 깊이 관여했어요. 둘은 19년간 700여 통의 편지를 주고받으며 우애를 나누었어요. 고흐가 세상을 떠나자 6개월 만에 건강이 악화되어 그 뒤를 따라간 테오는 지금도 형과 나란히 같은 장소에 묻혀 있어요.

▲ 죽어서 나란히 묻힌 빈센트와 테오

빈센트 반 고흐의 편지

테오에게

　테오 너는 내가 보내는 그림이 가치가 있다고 생각한다고 했지. 또 그것이 내가 너에게 진 빚을 갚는 것으로 받아들인다고 했어. 하지만 나는 너에게 만 프랑 정도는 가져다줄 수 있게 되는 날이 와야 마음이 편해질 것 같아. 그동안 써 버린 돈도 되찾아야 할 거야. 아니라면 적어도 그 정도 값어치가 있는 물건으로라도 돌아오길 바란다. 아직은 그렇게 되기 힘들겠지.

　내가 지금 있는 곳, 이런 자연에서는 좋은 그림을 그리는 데 필요한 것이 모두 갖추어져 있다고 생각해. 그러니까 나만 열심히 한다면 마침내 성공할 수 있겠지?

헤어질 때마다 명작 탄생, 요한 볼프강 폰 괴테

요한 볼프강 폰 괴테의 좌절: 왜 내 사랑은 이루어지지 않을까?

행복해 보이는 한 커플이 공원에서 데이트를 즐기고 있었어요. 둘의 눈에서는 하트가 쏟아져 나올 정도였지요.

"오, 내 사랑! 아름다운 당신이 내 곁에 있어 정말 행복해."

"나도. 우리 사랑 영원히 변치 말아요."

둘의 행복한 웃음 소리가 공원을 가득 채웠어요. 그때 저만치 뒤에서 한 남자가 눈물을 흘리며

이 모습을 보고 있었어요. 바로 요한 볼프강 폰 괴테였지요. 요한은 밤새 쓴 고백의 편지를 한 손으로 구겨 쥐었어요.

그 커플은 요한의 가장 친한 친구와 그 여자 친구였어요. 요한이 짝사랑하고 있었던 여자는 바로 친구의 여자 친구였던 것이지요.

'하필 저 녀석과 사귀다니. 내 마음도 몰라주고.'

요한은 눈물을 흘리며 돌아섰어요.

요한 볼프강 폰 괴테의 성공 비결: 사랑이 이루지 못한 아픔도 나에겐 힘이 되었지

　여러분, 나는 독일의 문학가 괴테라고 해. 만나서 반가워. 나는 어려서부터 문학과 예술을 가까이 접하며 자랐어. 대학에서는 법을 공부하면서 소설과 시도 배웠지. 그러다 운명적으로 한 여자를 사랑하게 되었지만 안타깝게도 내 친구의 약혼녀였어. 그 사실을 알았을 때 내 마음이 얼마나 괴로웠는지 다른 사람들은 상상도 할 수 없을 거야. 사랑을 떠나보내야 했던 나는 내 이야기를 토대로 《젊은 베르테르의 슬픔》이라는 소설을 썼어.

　그런데 그 책이 나오자 폭풍 같은 인기를 끌면서 온 유럽을 뒤흔들었단다. 내 사랑의 실패가 작가로서의 성공을 가져다준 셈이지.

이상하게도 나는 늘 이루어질 수 없는 상대를 사랑했어. 심지어 친구들의 편지를 대신 써 주다가 편지의 상대에게 혼자서 사랑에 빠져 버린 적도 있다니까. 하지만 나는 실연의 아픔을 훌륭한 문학의 밑거름으로 삼았어. 사랑에 실패할 때마다 그 아픔을 노래한 작품을 썼지. 우리, 실패를 실패로 끝내지 말고 그걸 성공으로 발판으로 이용해 보자. 파이팅!

 **더 알아보기**

못하는 게 없던 만능 엔터테이너 괴테

　요한 볼프강 폰 괴테는 독일 근현대 문학을 논할 때 빠뜨릴 수 없는 문학가예요. 실연의 아픔을 담아 젊은 독자들의 마음을 뒤흔든《젊은 베르테르의 슬픔》, 평생 구상하고 집필한 대작《파우스트》, 주인공 빌헬름 마이스터의 삶을 깊이 들여다보는 《빌헬름 마이스터의 수업 시대》, 《빌헬름 마이스터의 편력 시대》 등 여러 대작을 썼지요. '독일의 대문호'라고 일컬을 만큼 인정받았지만 문학 외에도 많은 재능이 있었어요. 연극 감독으로서 궁정 무대를 통솔했던 괴테는 자신의 희곡들을 무대 위에 펼쳐내어 연극으로도 상당한 성과를 보여 주었어요.

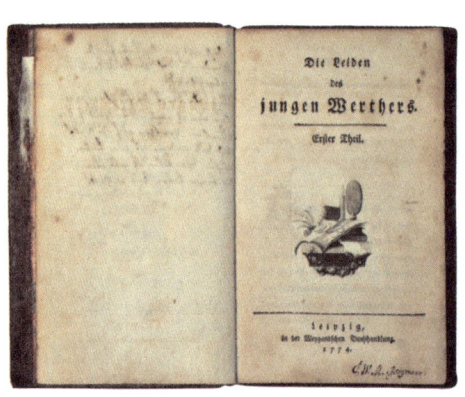
▲ 괴테의 《젊은 베르테르의 슬픔》

또한 식물학에도 관심이 깊어서 전문가급의 연구를 했으며 과학자들을 후원하고 식물학에 대한 책도 집필했어요. 이 책은 식물학자들에게도 호평을 받았어요. 실제로 괴테의 과학적 업적은 당대 생물학자중에서 최고 수준이었다고 해요.

한때 바이마르 공국 재상으로 재직했던 괴테는 훌륭한 정치인이기도 했어요. 프랑스군과의 전쟁을 대비하고 물자비축 및 비상체제로 들어가 재상으로 할 수 있는 일을 열심히 다했지요. 게다가 그림에도 재능이 있었어요. 평생 동안 그림 작품이 1,000점이 넘을 정도로 화가로서 뛰어난 모습을 보여 주었어요.

▲ 나폴리 해안을 그린 괴테의 그림

6장

자신의 한계를 시험하다

ADHD를 극복한 인간 물고기 **마이클 펠프스**

모두가 말리넌 길을 떠난 **프리드쇼프 난센**

방구석 몽상가에서 진짜 모험가가 된 **에드먼드 힐러리**

마이클 펠프스

ADHD를 극복한 인간 물고기

마이클 펠프스의 한계: 물이 너무 무서워요

넓은 수영장 안을 뛰어다니던 마이클은 선생님한테 붙들려 혼이 났어요.

"마이클! 수영장에서 절대 뛰면 안 된다고 했지? 미끄러지면 정말 큰일 난다고 했잖아! 정신 안 차려?"

선생님이 호되게 야단쳤지만 마이클은 아랑곳하지 않고 계속 장난을 쳤어요.

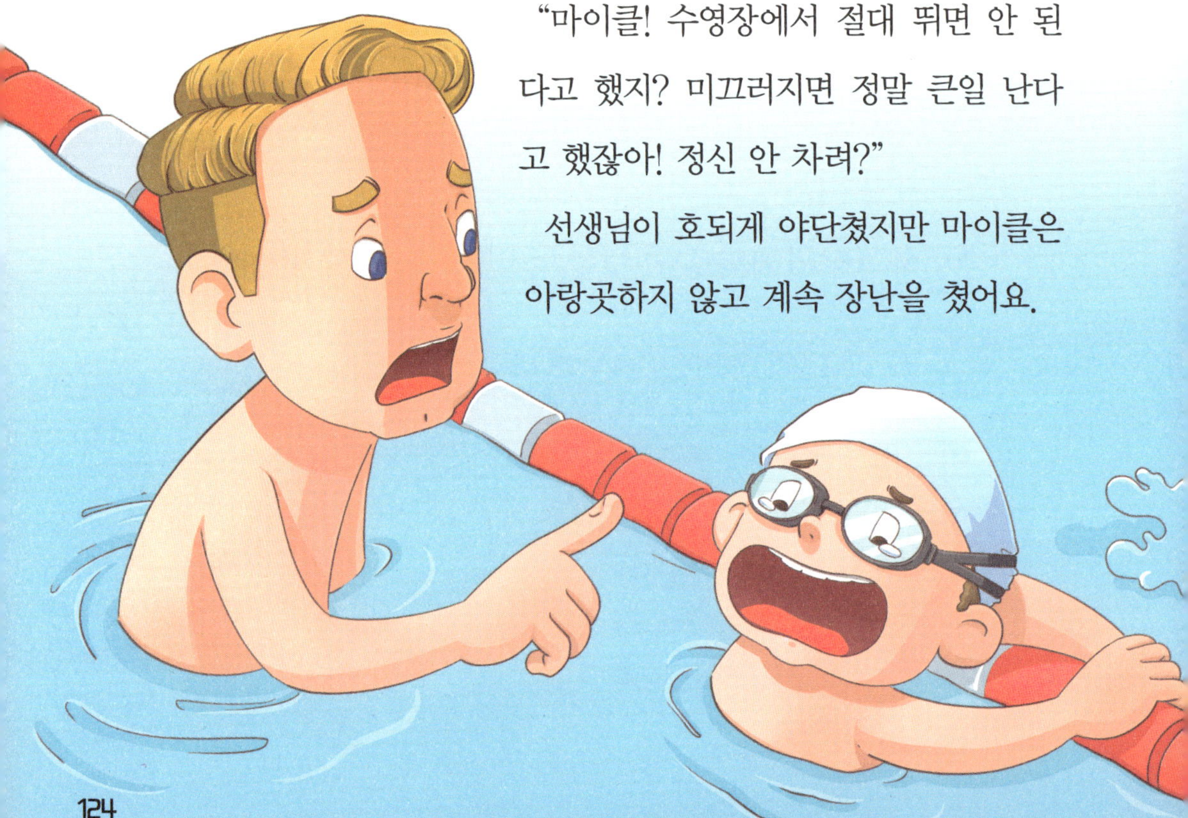

"안 되겠다. 이제 그만 물속으로 들어와!"

선생님과 함께 물속에 들어간 마이클의 표정은 순식간에 변했어요. 엄마가 억지로 수영을 보냈지만 마이클은 사실 물을 아주 무서워했거든요.

"선생님, 전 죽어도 물속에 얼굴을 못 넣겠어요."

선생님은 한숨을 푹 쉬더니 말했어요.

"그럼 배영부터 배우자. 자, 얼굴을 내밀고 물 위에 떠 보는 거야."

"으아악. 무서워요!"

"이렇게 겁이 많아서 무슨 수영을 배우겠어!"

마이클은 선생님의 도움을 받아 겨우겨우 물속에서 얼굴만 내민 채 바들바들 떨었어요.

마이클 펠프스의 성공 비결: 작은 목표를 하나씩 이뤄 봐

 헤이, 친구들! 나는 수영선수 마이클 펠프스야. 나는 여섯 살에 ADHD로 판정받았어. '주의력 결핍 행동 장애'라는 병이야. 엄마는 나에게 수영을 가르치기로 했어. 넘치는 에너지를 조금이라도 발산해야 얌전할 거라나? 처음에는 물에 들어가기도 무서웠는데 어느 순간 물속에서 자유를 느끼게 되었어. 그때부터 무서운 속도로 수영 실력이 늘었고, 나는 열다섯 살에 최연소 올림픽 대표 선수가 되어 출전했어. 그런데 첫 올림픽을 망쳤어. 어처구니없게도 출발 순서를 착각하고, 결승전에서도 신분증을 놓고 오는 실수를 연달아 했거든. 결국 아무 메달도 따지 못한 채 돌아와야 했지. 예전 같았으면 '내가 이렇지 뭐.' 하고 낙담했을 거야.

하지만 수영이 나를 바꾸어 놓았잖아. 오히려 이때부터 세계 신기록을 깨겠다는 목표로 더욱 더 훈련에 매달렸단다. 결국 나는 올림픽 역사상 메달을 가장 많이 딴 사람이 되었어. 장애를 극복하기 위해 시작한 수영이 내 인생을 바꾼 거야. 네 발목을 붙잡는 장애가 있니? 그걸 극복하기 위해 한 발 내딛는 순간, 네 인생도 바뀔 거야. 너도 할 수 있어!

 더 알아보기

펠프스의 기록들

펠프스는 무려 다섯 번이나 올림픽 대표가 되었어요. 그중 네 번의 올림픽에서 금메달 23개, 은메달 3개, 동메달 2개, 세계선수권대회에서는 금메달 27개, 은메달 6개, 동메달 1개를 땄어요. 세계 신기록만 서른아홉 번 세웠고요. 개인전에서 딴 금메달 13개는 고대 올림픽까지 포함해도 올림픽 최고 기록이에요. 국제올림픽위원회에 따르면 이전까지 개인전 금메달 최고 기록은 기원전 152년, 12개를 기록한 로도스의 레오니다스인데, 펠프스는 이를 거의 2,000년이나 지나서 경신한 것이에요.

▲ 리우 올림픽에서 금메달을 딴 펠프스

펠프스의 새로운 꿈

베이징올림픽에서 8관왕의 신기록을 세운 펠프스는 후원사로부터 약속한 포상금을 받자 수영 꿈나무들을 양성하기 위한 재단을 설립했어요. 이것이 바로 '펠프스 재단'이에요.

'이제 내 목표는 경기장에 한정되지 않을 것이다. 나는 다른 사람들의 꿈이 실현되도록 돕고, 스포츠의 발전에 공헌하고 싶다.'

펠프스가 밝힌 새로운 꿈이지요. 또한 펠프스 재단에서는 정신 건강 치료 프로그램도 지원하고 있어요. 이는 올림픽이 끝날 때마다 극심한 우울증으로 고생했던 자신과 같은 사람들을 돕기 위해서라고 해요.

모두가 말리던 길을 떠난
프리드쇼프 난센

프리드쇼프 난센의 좌절: 거긴 아무도 못 가

 바이킹호를 탄 난센은 설레는 마음을 감출 수 없었어요. 말로만 듣던 바이킹호를 타고 바다표범을 잡으러 간다는 사실이 믿기지 않았지요.

 "난센, 대학에서 동물학을 공부한다지? 바다표범 공부하려고?"

 옆에 앉은 남자가 난센에게 웃으며 말했어요.

"아뇨. 전 그냥 미지의 땅에 가 보고 싶었어요."

난센은 눈앞에 펼쳐진 광경에서 눈에서 떼지 못한 채 대답했어요. 본격적으로 바이킹호가 그린란드의 해역에 들어서자 난센의 가슴이 마구 요동치기 시작했어요. 새하얀 눈으로 뒤덮인 그린란드의 높은 산을 보니 입이 떡 벌어졌지요.

"결심했어! 나는 무조건 저 하얀 신세계를 횡단할 거야. 반드시!"

그러자 주위에 있던 사람들이 모두 크게 비웃었어요.

"하하하. 저 젊은이, 배를 타더니 정신이 좀 이상해졌군."

"이봐, 북극은 아무도 못 가는 곳이야. 바다표범 잡는다더니 자기가 바다표범쯤 되는 줄 아나 봐?"

그린란드의 만년설을 바라보는 난센을 향해 사람들의 비웃음은 멈출 줄을 몰랐어요.

프리드쇼프 난센의 성공 비결: 길이 없으면 내가 길을 만들 수도 있어

안녕? 나는 프리드쇼프 난센이야. 바다표범을 잡기 위해 그린란드 해역으로 떠나는 바이킹호를 탔다가 그곳에서 북극 탐험가가 되기로 결심했지. 그때 사람들은 모두 불가능한 일이라며 나를 말렸어. 하지만 나는 다섯 명의 대원들

을 이끌고 걸어서 그린란드 횡단에 먼저 성공했단다.

 그 후부터 본격적인 북극 탐험 준비를 했어. 그때까지 아무도 북극 탐험에 성공한 사람이 없었지. 사람들은 또 나를 미쳤다고 비웃었지. 가장 큰 문제는 얼음이었어. 나는 얼음이 흘러가는 방향을 연구해서 얼음에 부서지지 않을 '프람호'라는 나만의 배를 만들었어.

 사람들은 내 배가 얼음의 압력을 못 이기고 부서질 거라고 했지만 프람호는 완벽하게 빙하의 압력을 견뎌냈지. 배에서 내린 후부터는 개썰매를 타고 북쪽으로 달려 인간이 밟은 땅 중에서 가장 위도가 높은 곳까지 갔어. 식량이 모자라 북극점에는 도달하지 못했지만 내 탐험 이후 수많은 사람들이 희망을 갖고 북극 탐험을 시작했어. 길이 없다고 좌절하고 있니? 그렇다면 너 자신이 길이 되렴.

 **더 알아보기**

남극과 북극의 차이

 남극은 펭귄, 북극은 북극곰! 하지만 그것 말고도 남극과 북극은 어마어마한 차이점이 많답니다.

 남극 대륙은 지구 육지 면적의 9.2퍼센트를 차지하는 거대 대륙으로, 남극권 이남의 거의 전부를 차지하고 있으며 남극해에 의해 둘러싸여 있어요. 아시아, 아프리카, 북아메리카, 남아메리카에 이어 다섯 번째로 큰 대륙이지요.

 북극은 유라시아 대륙과 북아메리카 대륙으로 둘러싸인 드넓은 얼음 바다예요. 지중해보다 약 네 배 큰 바다를 덮은 빙하가

▲ 서로 만날 수 없는 남극의 펭귄과 북극의 북극곰

광활하게 펼쳐져 있어요. 북극의 얼음은 눈이 쌓인 것이 아니라, 바닷물이 얼어서 생긴 해빙이지만 남극의 얼음은 단순한 얼음이 아니라 땅 위에 내린 눈이 녹지 않고 오랫동안 쌓여 얼음이 된 것이지요.

　북극의 얼음 위에는 에스키모라고 불리는 이누이트족인 원주민이 살지만 대륙인 남극에는 원주민이 없어요. 선사 시대에 원주민이 살았던 흔적도 없고 오로지 추위에 적응한 동식물들만이 살아갈 뿐이에요. 나무는 전혀 없고 지의류가 남극에 있는 식물의 대부분을 차지해요.

방구석 몽상가에서 진짜 모험가가 된
에드먼드 힐러리

에드먼드 힐러리의 망상: 상상 또 상상

에드먼드는 멀리 보이는 산을 보며 또 상상을 시작했어요.

'온몸에 밧줄을 두르고 채 저 산을 오르거야. 구름이 얼굴에 닿으면 혀를 내밀어 봐야지. 어떤 맛일까?'

그때 문이 벌컥 열리더니 엄마가 소리쳤어요.

"에드먼드! 또 멍하니 뭐 하고 있니? 공부를 안 할 거면 차라리 밖에 나가 뛰어놀아. 어휴, 속 터져."

엄마는 에드먼드를 노려보며 잔소리를 퍼붓고 나가 버렸어요.

"치. 어차피 밖에 나가도 나랑 놀아 주지도 않는다고요."

에드먼드는 머릿속에서는 어떤 위험한 곳도 마다하지 않는 모험가였지만 정작 밖에 나가면 놀이터 미끄럼도 두려운 자신이 싫었어요.

에드먼드 힐러리의 성공 비결: 나도 할 수 있다는 것을 아는 것이 중요해

어린이 여러분, 안녕? 나는 탐험가 에드먼드 힐러리야. 또래보다 덩치가 작고 소심했던 나는 책을 즐겨 읽고 공상을 좋아했어. 그러다 수학여행에서 등산을 하게 됐는데 그때 처음으로 내가 친구들보다 체력과 지구력이 좋다는 사실을 깨달았지. 운동과는 담을 쌓았었는데 말이야. 그때부터 상상으로만 하던 탐험을 직접 해야겠다는 꿈을 가졌지.

당시 세계는 북극점과 남극점이 차례로 정복된 후, 지구에서 가장 높은 산인 에베레스트산에 관심을 돌릴 때였어. 과연 누가, 어느 나라가 이 높은 산을 가장 먼저 정복할 것인가가 최대 관심이었지.

나는 영국의 원정대원으로 선발되어 처음으로 에베레스트산에 올랐어. 그전까지 영국은 이미 에베레스트산 정복에 여덟 번 실패했는데, 내가 아홉 번째 원정대와 함께 떠나게 된 거야. 그전에는 모두 티베트 쪽에서 출발했는데, 이번에는 그보다 어렵다고 알려진 네팔 쪽에서 출발했어. 그리고 마침내 인류 최초로 에베레스트산의 정상에 우뚝 서게 되었단다. 자꾸 자신이 없니? 네가 가진 장점을 찾아 봐. 아주 사소한 것이라도 네 꿈을 이룰 수 있게 도와줄 테니까.

 더 알아보기

최초로 에베레스트를 정복한 건 누구?

 에베레스트에 오를 때 힐러리는 텐징 노르가이라는 네팔의 셰르파와 함께였어요. 셰르파는 네팔에 사는 티베트 산악 부족이지요. 유럽인들은 에베레스트산의 지형을 잘 아는 그들을 안내자로 삼곤 했어요. 에베레스트의 꼭대기에 도착했을 때 힐러리는 텐징을 사진으로 찍어 주었어요. 하지만 사진기를 사용해 본 적이 없었던 텐징은 힐러리의 사진을 찍지 못했지요. 과연 둘 중 누가 먼저 정상에 발을 내딛었을까요? 그건 아직도 비밀로 남아 있대요.

▲ 에드먼드 힐러리와 텐징 노르가이

에베레스트산의 키

 세계에서 가장 높은 산으로 알려진 에베레스트산의 높이는 8,848미터로 해수면에서부터 잰 높이예요. 그런데 티베트 고원을 기준으로 하면 3,600미터밖에 되지 않아요. 반면 하와이섬의 마우나케아산은 해저 6,000미터 바다 밑에서부터 솟아 있어서 해수면에서부터는 4,205미터밖에 되지 않지만 해저에서부터의 키는 1만 미터가 넘어요. 그러니 바다 밑에 서 있는 마우나케아산의 키가 고원 지대에 서 있는 에베레스트산보다 훨씬 크다고 할 수 있지요.

실패를 딛고 성공한 세계 위인들
실패 극복기

초판 1쇄 인쇄 2023년 2월 1일
초판 1쇄 발행 2023년 2월 10일

글 조아라
그림 수아
펴낸곳 M&K
펴낸이 구모니카
마케팅 신진섭
등록 제7-292호 2005년 1월 13일
주소 경기도 고양시 일산서구 고양대로 255번길 45, 903동 1503호(대화동, 대화마을)
전화 02-323-4610
팩스 0303-3130-4610
E-mail sjs4948@hanmail.net
Tistory https://mnkids.tistory.com

ISBN 979-11-91527-46-9　73900

※ 값은 뒤표지에 있습니다. 잘못된 책은 바꾸어 드립니다.